CACHORROS DE caniche

David y Patricia Armentrout
Traducción de Sophia Barba-Heredia

Un libro de El Semillero de Crabtree

ÍNDICE

CRABTREE
Publishing Company
www.crabtreebooks.com

Apoyos de la escuela a los hogares para cuidadores y maestros

Este libro ayuda a los niños en su desarrollo al permitirles practicar la lectura. Abajo están algunas preguntas guía para ayudar al lector a fortalecer sus habilidades de comprensión. En rojo hay algunas opciones de respuesta.

Antes de leer:

- ¿De qué pienso que tratará este libro?
  - *Pienso que este libro es sobre caniches.*
  - *Pienso que este libro me ayudará a decidir si quiero un caniche.*
- ¿Qué quiero aprender sobre este tema?
  - *Quiero aprender si los caniches son buenas mascotas.*
  - *Quiero aprender si los caniches pueden nadar.*

Durante la lectura:

- Me pregunto por qué...
  - *Me pregunto por qué los caniches tienen pelo rizado.*
  - *Me pregunto por qué a los caniches les gusta jugar pelota.*
- ¿Qué he aprendido hasta ahora?
  - *Aprendí que los caniches son tamaño estándar y miniatura.*
  - *Aprendí que los caniches son inteligentes.*

Después de leer:

- ¿Qué detalles aprendí de este tema?
  - *Aprendí que los caniches pueden aprender trucos y juegos.*
  - *Aprendí que los caniches son de diferentes colores y tallas.*
- Lee el libro una vez más y busca las palabras del vocabulario.
  - *Veo la palabra **inteligentes** en la página 10 y la palabra **miniatura** en la página 18. Las demás palabras del glosario las encontrarás en las páginas 22 y 23.*

Cachorros de caniche

Los cachorros de caniche tienen pelo suave y ondulado.

Las mamás usualmente tienen de tres a siete cachorros en una **camada**.

Una mamá caniche lame el **pelaje** de sus cachorros para mantenerlos limpios.

El pelaje del cachorro crece grueso y ondulado a los 12 meses de edad.

Los caniches
son **inteligentes.**

Aprenden trucos y juegos rápidamente.

A la mayoría de los caniches les gusta nadar y **traer** pelotas o palos.

La **raza** caniche tiene diferentes colores y tamaños.

Hay caniches estándar y caniches **miniatura**.

Caniche
estándar.

Caniche
miniatura.

19

Los caniches disfrutan hacer ejercicio y estar con la gente.

Glosario

camada: Un grupo de perros u otros animales nacidos al mismo tiempo de una misma madre.

inteligentes: Inteligente significa que tiene habilidad para aprender y hacer cosas fácilmente.

miniatura: Miniatura significa más pequeño que lo usual.

pelaje: El pelaje es el suave y denso pelo o abrigo de un animal.

raza: Una raza es un tipo de animal.

traer: Traer significa encontrar cosas y traerlas de vuelta.

Índice analítico

Sobre los autores

David y Patricia Armentrout

David y Patricia pasan todo el tiempo que pueden jugando con Gimli, Artie y Scarlett y cuidándolos. Son sus tres queridos perros de familia.

Sitios Web (páginas en inglés):

www.akc.org/dog-breeds/best-dogs-for-kids
www.goodhousekeeping.com/life/pets/g5138/best-family-dogs

CRABTREE
Publishing Company

Written by: David and Patricia Armentrout
Designed by: Jennifer Dydyk
Editor: Kelli Hicks
Proofreader: Crystal Sikkens
Translation to Spanish: Sophia Barba-Heredia
Spanish-language layout and proofread: Base Tres
Print and production coordinator: Katherine Berti

Photographs: Cover: photo shutterstock.com/ PCHT. background art shutterstock.com/ Dreamzdesigners.Title Page: ©istock.com/ PCHT. Page 3: ©istock.com/hot8030. Pages 4-5: ©shutterstock.com/ Dora Zett and Karta-Ivrea. Pages 6-7: ©shutterstock.com/Jagodka and Mikhasik. Pages 8-9: ©istock.com/Michael Sobl. Page 10: ©shutterstock.com/Goran Bogicevic and Page 11: ©shutterstock.com/dimid_86. Pages 12-13 ©istock.com/Prostock-Studio. Pages 14-15: ©shutterstock.com/Colleen Johansen. Pages 16-17: ©istock.com/fotojagodka and Baramyou0708. Pages 18-19: ©shutterstock.com/Velimir Zeland. Pages 20-21: ©shutterstock.com/anetapics and hedgehog94. Page 22 bottom © istock/ Rita Petcu. Page 23 middle © istock/ dimarik

Library and Archives Canada Cataloguing in Publication

Title: Cachorros de caniche / David y Patricia Armentrout ; traducción de Sophia Barba-Heredia.
Other titles: Poodle puppies. Spanish
Names: Armentrout, David, 1962- author. | Armentrout, Patricia, 1960- author. | Barba-Heredia, Sophia, translator.
Description: Series statement: Cachorros amigos | Translation of: Poodle puppies. | Includes index. | "Un libro de el semillero de Crabtree". | Text in Spanish.
Identifiers: Canadiana (print) 20210246642 |
    Canadiana (ebook) 20210246650 |
    ISBN 9781039619968 (hardcover) |
    ISBN 9781039620025 (softcover) |
    ISBN 9781039620087 (HTML) |
    ISBN 9781039620148 (EPUB) |
    ISBN 9781039620209 (read-along ebook)
Subjects: LCSH: Poodles—Juvenile literature. | LCSH: Puppies—Juvenile literature.
Classification: LCC SF429.P85 A7618 2022 | DDC j636.72/8—dc23

Library of Congress Cataloging-in-Publication Data

Names: Armentrout, David, 1962- author. | Armentrout, Patricia, 1960- author. | Barba-Heredia, Sophia, translator.
Title: Cachorros de caniche / David y Patricia Armentrout ; traducción de Sophia Barba-Heredia.
Other titles: Poodle puppies. Spanish
Description: New York, NY : Crabtree Publishing Company, [2022] | Series: Cachorros amigos - un libro el semillero de Crabtree | Includes index.
Identifiers: LCCN 2021027975 (print) |
    LCCN 2021027976 (ebook) |
    ISBN 9781039619968 (hardcover) |
    ISBN 9781039620025 (paperback) |
    ISBN 9781039620087 (ebook) |
    ISBN 9781039620148 (epub) |
    ISBN 9781039620209 (epub)
Subjects: LCSH: Poodles--Juvenile literature. | Puppies--Juvenile literature.
Classification: LCC SF429.P85 A7418 2022 (print) | LCC SF429.P85 (ebook) | DDC 636.72/8--dc23
LC record available at https://lccn.loc.gov/2021027975
LC ebook record available at https://lccn.loc.gov/2021027976

Crabtree Publishing Company

www.crabtreebooks.com   1-800-387-7650

Published in the United States
Crabtree Publishing
347 Fifth Avenue, Suite 1402-145
New York, NY, 10016

Published in Canada
Crabtree Publishing
616 Welland Ave.
St. Catharines, Ontario L2M 5V6

Printed in the U.S.A./092021/CG20210616